Der Regenbogenvogel

CHRISTA SPILLING-NÖKER

Der Regenbogenvogel
und andere Weisheitsgeschichten

HERDER

FREIBURG · BASEL · WIEN

© Verlag Herder GmbH, Freiburg im Breisgau 2016
Alle Rechte vorbehalten
www.herder.de

Umschlaggestaltung: Kathrin Keienburg-Rees
Umschlagmotiv: ksysha/fotolia
Satz: Arnold & Domnick, Leipzig
Herstellung: graspo CZ, Zlín

Gedruckt auf umweltfreundlichem, chlorfrei gebleichtem Papier

Printed in the Czech Republic

ISBN 978-3-451-37579-8

Inhalt

Vorwort

Wenn wir den Schlüssel zur Tür zu uns selbst finden, dann öffnet sich unser Herz für die Liebe – für die Liebe zu uns selbst und zu anderen.

Lassen wir uns dazu bewegen, achtsamer mit uns selbst umzugehen, schenken wir uns mehr Zeit für unsere eigenen Wünsche und Bedürfnisse – und wir werden uns selbst wieder neu wahrnehmen und das Leben auf erfrischende Weise genießen. Als Folge davon werden unsere Beziehungen ehrlicher und aufrichtiger. Wir finden Freude daran, Menschen in ihrem Kummer zu trösten und für sie da zu sein. Und manchmal wird uns sogar das Glück von Versöhnung geschenkt. Neue Freundschaften wachsen und alte lassen sich vertiefen und erfüllen.

Von solchen Erfahrungen sinnerfüllten Seins erzählt dieses Buch. Es möchte Sie dazu anregen, die Tür zu Ihrer Seele wieder aufzuschließen, um sich überraschende Wege zu erschließen, auf denen Sie sich selbst neu begegnen.

Christa Spilling-Nöker

Kevin im Glück

Drei Jahre waren vergangen, seit Kevin seinen Job beim Automobilhersteller gekündigt hatte. Er hatte den Chef schon bei seiner Einstellung darum gebeten, ihm nur einen kleineren Betrag als monatlichen Lohn auszubezahlen; anstelle des dadurch angesparten Geldes wollte er bei seinem Ausscheiden aus dem Betrieb den ersehnten Sportwagen zu besonders günstigen Konditionen erwerben. Als sein letzter Arbeitstag vorüber war, kam der Chef in die Werkshalle und hielt ihm den Autoschlüssel hin.

Jetzt will ich doch wieder nach Hause zu meinen Eltern und ihnen zeigen, dass ich es zu etwas gebracht habe, dachte er.

Das war eine Freude, mit dem Porsche über die Autobahn zu brettern und rechts und links die Bäume an sich vorbeifliegen zu sehen. Was bin ich doch für ein glücklicher Mensch, ging es ihm durch den Kopf. Am Ende der Autobahn legte er in einem mittelalterlichen Städtchen eine Pause ein. Dann ging es auf eine Landstraße. Ich könnte eine Abkürzung nehmen, überlegte er und bog in einen Feldweg ein. Doch der war so ausgefahren, dass das Bodenblech des Wagens schon nach kurzer Zeit aufsetzte. Er stieg aus und versuchte, den Wagen anzuschieben, aber vergeblich.

Leise fluchte er vor sich hin, als ihm ein Motorradfahrer entgegenkam. Der junge Mann stieg ab und fragte, ob er helfen könne. Doch Kevin schüttelte nur frustriert den Kopf. „Ach, mit so einem Motorrad, wie du es hast, kann einem so etwas nicht passieren. Damit ist es möglich, auch auf schmalen Wegen zu sausen und dazu noch den Fahrtwind zu genießen."

„Wenn dir so daran gelegen ist, dann wäre ich bereit, mit dir zu tauschen."

Kevin konnte sein Glück kaum fassen. Dankbar nahm er die Motorradkluft und den Helm des jungen Mannes entgegen, gab Gas und knatterte den Feldweg entlang. Ach, wie gut es mir doch geht, dachte er befreit. So lässt sich die Landschaft ja noch ganz anders wahrnehmen. Schließlich fuhr er in langen Serpentinen einen Berg hinauf, um die Aussicht zu genießen.

Doch kaum hatte er den Gipfel erreicht, ging ihm der Sprit aus. Eine Tankstelle war hier natürlich weit und breit nicht in Sicht. Er überlegte hin und her, was er machen könnte, als ihm ein junger Mann von hinten auf die Schulter klopfte. „Bist du auch zum Drachenfliegen hier heraufgekommen? Ich bin übrigens Jan", stellte er sich vor. „Ich bin Kevin." Die beiden gaben sich die Hand. „Nein, ich wollte mir nur mal die Gegend von oben ansehen und jetzt ist mir dummerweise das Benzin ausgegangen." „Lass mal sehen!" Jan betrachtete das Motorrad von allen Seiten. „Junge, Junge, das ist aber auch eine Maschine. Die ist ja schon uralt und verbraucht jede Menge Sprit. Die wird dich noch eine Stange Geld kosten. Komm mal mit, ich zeig dir jetzt, was ich hier mache."

An einem Gebüsch war ein Drachen angelehnt. Jan legte den Drachen an, stellte sich mit dem Rücken zum Wind – und schon schwebte er dem Himmel entgegen. Kevin kam aus dem Staunen nicht mehr heraus. Nach zwanzig Minuten landete Jan nur wenige Meter entfernt. „Willst du auch mal fliegen?" Kevin nickte stumm. Jan erklärte ihm, worauf er achten müsse, und half ihm dabei, das Fluggerät anzulegen.

Was war das für ein Gefühl, vogelgleich in der Luft dahinzugleiten. Ja, das ist etwas, dachte Kevin. Da braust man nicht auf überfüllten Straßen oder über staubige Wege, sondern hat das Gefühl grenzenloser Freiheit. Er kriegte sogar die Landung einigermaßen hin. Jan sah Kevins strahlendes Gesicht. „Du bist ein netter Kerl. Weißt du, wenn dir der Drachen so gut gefällt, dann will ich ihn dir gern gegen dein altes Motorrad eintauschen."

Kevin war überwältigt. Was für ein Glück ich doch wieder habe, dachte er und schlug in den Handel ein. Jan zeigte ihm, wie er den Drachen allein anlegen konnte, und schon ging es wieder los. Doch dieses Mal vertat er sich beim Anziehen der Leinen, kam ins Trudeln und landete ziemlich unsanft auf einigen Sträuchern in einem Park. Grenzenlos enttäuscht befreite er den Drachen aus dem Gestrüpp, sank auf eine Bank und besah sich die blutigen Abschürfungen an den Händen.

„So ein Mist", entfuhr es ihm, als sich ein junges Mädchen neben ihn setzte. „Was ist dir denn passiert, dass du bei dem schönen Wetter so mürrisch dreinschaust?" Kevin war von der Schönheit des Mädchens fasziniert, vergaß seine Wunden und erzählte ihm, was er unterwegs schon alles erlebt hatte. „Bisher habe ich immer so viel Glück gehabt", meinte er. „Ich hatte mich so sehr über den Drachen gefreut. Jetzt scheint eine Pechsträhne zu beginnen."

Das Mädchen lächelte ihn an. „Wenn das alles ist, was dich belastet, da kann ich dir leicht helfen." Sie suchte eine Weile in ihrer Tasche, bis sie ein Smartphone zu Tage beförderte. „Hiermit kannst du zwar nicht fliegen, aber filmen, fotografieren, telefonieren und dich im Internet orientieren. Da ist es dir möglich, die ganze Welt anzusehen. Ich will dir den Drachen wohl abnehmen und dir dafür mein Smartphone geben, wenn ich dich dann einmal lächeln sehe."

Da musste Kevin tatsächlich lächeln, nicht nur, weil er von dem Mädchen so angetan war, sondern weil er das Gefühl hatte, dass das Glück doch weiter auf seiner Seite war. Die beiden plauderten noch eine Weile, das Mädchen gab ihm zum Abschied sogar einen Kuss und Kevin zog selig seines Weges.

Schon nach kurzer Zeit wollte er seine neue Errungenschaft ausprobieren. Er setzte sich auf den Rand eines Brunnens, nahm das Smartphon in die Hand und versuchte, sich damit vertraut zu machen. Wieder durchwogte ihn eine Welle des Glücks. Als er aber im Internet nach Bildern aus seinem Heimatort suchte, bekam er plötzlich einen derart starken Hustenanfall, dass ihm das kleine Gerät aus der Hand – und tief in den Brunnen hinabfiel.

Zunächst kamen ihm die Tränen über den Verlust. Dann aber blickte er auf und betrachtete die wundervolle Landschaft, die sich ihm bot. Der Himmel war blau, die Weinberge leuchteten in der nachmittäglichen Sonne, die bunten Sommerwiesen um ihn herum waren durchschwirrt von Bienen, Hummeln und Schmetterlingen und die Vögel sangen liebliche Lieder. Die Luft atmete Frieden.

Wie schön die Welt ist, ging es Kevin durch den Kopf. Wozu nur wollte ich auf breiten Straßen dahinrasen, über enge Wege jagen, fliegen und Landschaften im Internet anschauen? Jetzt kann ich in Ruhe meine Umgebung betrachten und mich auf das wirkliche Leben einlassen. Glücklicher denn je zuvor machte er sich beschwingt auf den Weg zu seinem Elternhaus.

(angeregt durch das Märchen „Hans im Glück" der Gebrüder Grimm)

Atemdurchströmt

die Schönheit der Welt

erspüren,

den Liedern

der Vögel lauschen,

sich vom Glück

des Augenblicks

berauschen lassen

und im Wohlgefühl

beseligender Wonne

versinken.

Die beschwipsten Gläser

Am Samstagabend kommen Meisenbergers. Was sollen wir denn da zum Essen anbieten?", fragte Frau von Drewitsch mit gerunzelter Stirn. „Nun lass mich doch einmal in Ruhe die Börsenberichte studieren", gab Herr von Drewitsch missmutig zurück. „Du wirst das schon machen." Sprach's und lehnte sich noch weiter in seinen Sessel zurück.

Aber Frau von Drewitsch ließ nicht locker. „Jetzt leg doch endlich einmal die Zeitung beiseite, wenn ich mit dir rede. Das letzte Mal hatten wir frische Sommersalate mit Riesengarnelen zur Vorspeise und als Hauptgericht Lachsschnitten an Rieslingsauce."

„Das war doch lecker, mach das doch wieder", erwiderte Herr von Drewitsch und versank erneut hinter seiner Zeitung.

„Aber wir können doch nicht noch einmal das Gleiche anbieten", erwiderte seine Frau unwillig. „Bei Meisenbergers gab es bei der letzten Einladung warmen Hummer mit Kaviarschaum und danach geräuchertes Rinderfilet an Bärlauchsoße, dazu glacierten Spargel. Das muss ich doch jetzt überbieten."

„Ja ja", erwiderte Herr von Drewitsch, „wenn du meinst."

„Du hörst mir gar nicht richtig zu", maulte Frau von Drewitsch.

„Der DAX ist gefallen", erwiderte ihr Gatte bedrückt, um sich anschließend dem Sportteil zuzuwenden.

Aber die Stille in dem mit antiken Möbeln und kostbaren Teppichen ausgestatteten Wohnzimmer währte nicht lange. „Ich hab's." Frau von Drewitsch sprang begeistert aus ihrem Ohrensessel auf und machte sich an den Kochbüchern zu schaffen. Sie bekam vor Begeisterung ganz rote Wangen.

„Na siehst du, mein Schatz", warf Herr von Drewitsch erleichtert ein, „ich wusste doch gleich, dass dir schon das Richtige einfallen würde."

Herr und Frau Meisenberger brachten zu der Einladung eine wundervolle Orchidee mit. Herr von Drewitsch füllte die bereitgestellten Gläser mit Champagner. Höflich stießen die vier miteinander an und wechselten einige Worte über das Wetter und das letzte Golfturnier.

„Darf ich dann zu Tisch bitten?" Frau von Drewitsch war ganz aufgeregt, als sie die gefüllten Wachteln an Trüffelsauce servierte.

„Was haben Sie sich doch wieder für eine Mühe gemacht, meine Liebe, das war doch wirklich nicht nötig", flötete Frau Meisenberger, „aber es schmeckt köstlich. Auch der trockene Chablis passt ganz ausgezeichnet dazu." Wieder stießen die Vier miteinander an und versicherten sich gegenseitig, dass man sich im Grunde doch viel öfter einmal sehen müsse. Natürlich kamen auch die Rehmedaillons mit Wirsingspätzle und Preiselbeercreme bei den Gästen hervorragend an.

„Dieses feine Porzellan muss ich ja jedes Mal wieder bewundern", meinte Frau Meisenberger. „Ist das Hutschenreuther oder Meissener?"

„Altes Meissener", gab Frau von Drewitsch zurück. „Ein Erbe von meinen Großeltern."

„Das habe ich mir fast gedacht", erwiderte Frau Meisenberger, „so etwas bekommt man ja heute gar nicht mehr. Wir haben unser Porzellan von einem Antiquitätenhändler in Pöseldorf. Das ist eine sehr feine Ecke in Hamburg."

„Ach, was Sie nicht sagen!" Frau von Drewitsch gab sich interessiert.

„In den heutigen Kollektionen gibt es ja leider nichts, was einen besonderen Stil hat", fügte Frau Meisenberger noch hinzu.

„Sie haben ein wundervolles Parfum", begann Frau von Drewitsch nach einer kurzen verlegenen Pause ihrerseits ein neues Gesprächsthema.

„Eine ganz neue Kreation von Chanel", gab die Angesprochene lächelnd zurück.

„Darf ich noch ein wenig Bordeaux nachgießen?", fragte Herr von Drewitsch aufmerksam. „Ich hoffe, er schmeckt Ihnen. Eine Empfehlung unseres französischen Weinhändlers", fügte er gerade noch hinzu, als das Unglaubliche geschah. Die frisch gefüllten Rotweingläser begannen auf dem Tisch herumzutorkeln, als hätten sie einen Schwips.

„Was bedeutet denn das?", fragte Frau Meisenberger erschrocken, als ihr Glas übermütig vor ihr auf dem Tisch tanzte und seinen Inhalt auf ihr kostbares rosafarbenes Seidenkostüm ergoss. „Mein neues Kleid", schrie sie erschrocken auf, „wissen Sie, wie sündhaft teuer das war?"

Frau von Drewitsch sprang unvermittelt auf und zerrte Frau Meisenberger in die Küche, um mit einem feuchten Tuch die schlimmsten Spuren des Malheurs zu beseitigen. „Es tut mir unendlich leid, Gnädigste", sagte sie kleinmütig, „wir werden die Flecken sicher herausbekommen. Ansonsten haben wir ja für die Reinigung auch noch eine Haftpflichtversicherung", fügte sie hinzu, als sie den ungläubigen Gesichtsausdruck ihrer Bekannten sah.

Doch es blieb nicht bei diesem einen Malheur. Als sich die Gastgeberin bemühte, in aller Ruhe die Rehmedaillons nachzulegen, erreichte das Spektakel auf dem Tisch seinen Höhepunkt. Nach den Gläsern hielt nun auch die Rotweinkaraffe das gestelzte Gerede endgültig nicht mehr aus und platzte in tausend Stücke. Die Scherben ihres kostbaren Kristalls sprangen über den ganzen Tisch, hinein in Schüsseln und Gläser, auf Teller und Platten. Nichts von den kostbaren Speisen, die Frau von Drewitsch mühsam angerichtet hatte, blieb von Glassplittern verschont. Sie war den Tränen nahe.

„Wie kann so etwas nur passieren?", fragte sie verzweifelt und hilflos zugleich. Alles künstliche Gehabe, das sie noch wenige Minuten zuvor an den Tag gelegt hatte, war verschwunden. Selbst Herr von Drewitsch hatte jetzt die Fassung verloren, zumal der feine maßgeschneiderte Anzug aus englischem Tuch von Herrn Meisenberger ebenfalls Spuren des edlen Bordeaux aufwies.

Frau von Drewitsch fand als Erste die Fassung wieder. „Ihr Männer", kommandierte sie geradezu, „räumt jetzt erst einmal den Tisch ab. Ich sehe in der Zwischenzeit nach, was ich noch zu essen finden kann." Sprach's und war schon wieder in der Küche verschwunden.

Nach geraumer Zeit kam sie mit einem frischen Brot, Käse und einem Schmalztiegel zurück. „Jetzt müssen wir eben improvisieren", meinte sie. Sie legte ein sauberes Tischtuch auf den mittlerweile abgeräumten Tisch und stellte ihre Habseligkeiten darauf.

„Frisches Schmalz, wie köstlich", rief Herr Meisenberger aus, dem seine Gattin solche kalorienhaltigen Genüsse ansonsten nicht gestattete. Auch die anderen griffen hungrig zu. Selbst Frau Meisenberger, die ansonsten möglichst fettarm zu speisen pflegte, schnitt sich ein großes Stück vom Camembert ab. Mehr und mehr kamen die beiden Paare miteinander ins Gespräch. Vor allem erzählten sie einander von den Missgeschicken, die ihnen im Laufe ihres Lebens schon passiert waren. Je später der Abend wurde, desto mehr stieg die Heiterkeit. Die warme Apfeltarte mit Vanilleeis und Karamellsoße, die in der Küche von den Attacken der frustrierten Weingläser unberührt geblieben war, mundete allen hervorragend.

„Im Grunde muss man gar nicht so viel Aufwand treiben, wenn man sich einmal gemütlich zusammensetzen will", meinte Herr Meisenberger mit einem Seitenblick auf seine Frau. „Ich will ja Ihre Kochkunst nicht schmälern, liebe Frau von Drewitsch, aber die Schmalzbrote haben mir nicht schlechter geschmeckt als Wachteln und Wild." Seine Frau sah ihn schräg von der Seite an, sagte aber nichts. Sie wusste diesen Abend noch nicht so richtig einzuordnen.

„Vielleicht sollten wir uns öfter treffen, bei einem ganz einfachen Essen", meinten Herr und Frau Meisenberger wie aus einem Mund, bevor sie sich verabschiedeten.

Die beschwipsten Gläser samt Karaffe jedoch standen – sehr zum Erstaunen ihrer Besitzer – am nächsten Tag wieder heil und unversehrt im Glasschrank, als ob nichts gewesen wäre.

Aber jedes Mal, wenn sich die beiden Ehepaare treffen, um bei Schmalzbrot oder Pizza vergnügt zusammenzusitzen und miteinander zu reden und zu lachen, tanzen sie in der Vitrine leise und unauffällig vor sich hin.

Die erfrorenen Worte

anhauchen

und mit Lebendigkeit

wärmen,

damit Beziehung

in bunten Farben

aufblüht

und Begegnung

möglich wird.

Die wundersame Verwandlung von Bettina M.

Wieder einmal hatte einer der gleichförmigen und damit zugleich düsteren Tage für Bettina M. begonnen. Pünktlich wie immer machte sie sich auf den Weg zu ihrem Arbeitsplatz. In sich gekehrt und mit den Gedanken schon bei den Besprechungen, die sie heute würde halten müssen, ging sie mit schnellen Schritten zur Straßenbahnhaltestelle, als ihr plötzlich jemand im Wege stand.

„Bitte gehen Sie zur Seite, ich habe es eilig", schimpfte sie, ohne ihr Gegenüber näher in Augenschein zu nehmen.

„Aber nicht doch", erwiderte die große Gestalt vor ihr.

Bettina M. wollte gerade ihre Stimme erheben, als sie zu ihrer

Überraschung feststellen musste, dass sich ihr ein Engel in den Weg gestellt hatte, an dem kein Vorbeikommen war. „Was soll das?", fragte sie dennoch missmutig. „Ich muss zur Arbeit."

„Sieh dir doch einmal die wundervollen Blumen in den Vorgärten an", ermunterte sie der Engel.

„Dazu habe ich keine Zeit", erwiderte Bettina M. barsch.

„Dann wirst du sie dir jetzt nehmen", lächelte der Engel und führte Bettina M. direkt zu einem wundervoll duftenden Rosenstrauch. „Und nun schau dir die einzelnen Rosenblüten genau an."

„Die sind ja wirklich wunderschön und sie duften so lieblich." Bei diesen Worten zeichnete sich das erste Mal an diesem Morgen ein leichtes Lächeln auf ihrem Gesicht ab. „Aber jetzt muss ich wirklich weiter!" Engel hin oder her, um acht Uhr hatte sie im Büro zu sein.

Der Engel trat lächelnd zur Seite, aber über den kleinen Ausflug zu dem Vorgarten waren nun doch einige Minuten verstrichen, sodass Bettina M. zum ersten Mal in ihrem Leben zu spät im Büro erschien. Sonst pflegte sie die Mitarbeiterinnen und Mitarbeiter ihrer Abteilung zu rügen, wenn sie auch nur ein paar Minuten zu spät kamen, heute war sie selbst unpünktlich und die Kolleginnen und Kollegen waren natürlich voller Schadenfreude. Bettina M. errötete und begab sich unverzüglich an ihren Schreibtisch. Nachdem sie einige Akten durchgesehen hatte, bestellte sie telefonisch einen Mitarbeiter zu sich, der am Vortag unentschuldigt gefehlt hatte. Der würde etwas von ihr zu hören bekommen. Doch wieder erschien ihr die Lichtgestalt, die sich ihr schon am frühen Morgen in den Weg gestellt hatte. „Schimpf nicht mit ihm", vernahm sie seine Stimme. „Seine Frau hatte eine schwierige Geburt. Er hat die ganze Nacht an ihrem Bett gesessen, bis der Junge endlich zur Welt kam. Sei nett zu ihm."

Im gleichen Augenblick klopfte es an ihre Tür. „Herein!", rief sie mit weicherer Stimme, als sie sich vorgenommen hatte. Der Mann trat ein, verlegen, mit rotem Kopf, da er ahnte, welches Strafgericht jetzt über ihn ergehen würde. Doch wider Erwarten stand seine Chefin auf, reichte ihm die Hand und sagte: „Ich gratuliere Ihnen zur Geburt Ihres ersten Kindes. Sie möchten sich jetzt sicher um Ihre Frau und das Baby kümmern. Ich gebe Ihnen für heute frei."

Der junge Mann wusste gar nicht, wie ihm geschah, bedankte sich überschwänglich und verließ strahlend das Zimmer seiner sonst so gefürchteten Vorgesetzten.

Kaum hatte der Mann den Raum verlassen, meldete sich der Engel schon wieder zu Wort. „Jetzt gehst du einmal die Liste deiner Mitarbeiterinnen und Mitarbeiter durch. Da sind einige, die schon längst eine Gehaltserhöhung verdient haben." Bettina M. hatte mittlerweile begriffen, dass es keinen Sinn hatte, der Lichtgestalt zu widersprechen, und fügte sich ihren Anweisungen.

Als die betreffenden Angestellten noch vor Feierabend von ihrem Glück erfuhren, verstanden sie die Welt nicht mehr. „Vielleicht ist sie verliebt?", meinte einer. „Wer sollte sich wohl mit so einer einlassen wollen", erwiderte ein anderer boshaft. Was wirklich passiert war, ahnte natürlich niemand.

Nachdem alle gegangen waren, wollte Bettina M. wie gewohnt noch in Ruhe zwei, drei Stunden weiterarbeiten, aber wieder hatte sie die Rechnung ohne den Engel gemacht. „Schluss für heute", mahnte er.

Gehorsam packte sie ihre Sachen zusammen und wollte sich gerade auf den Heimweg begeben, als sie erneut in ihrem gewohnten Lebensstil unterbrochen wurde. Es dauerte nicht lange, da fand sie sich in einem freundlichen Gartenrestaurant wieder. Sie bestellte sich eine gegrillte Seezunge mit Weißweinsoße, dazu einen frischen Sommersalat. Als sie sich die Köstlichkeiten munden ließ, empfand sie das erste Mal einen freundlichen Gedanken für den Engel, der sie zu diesem Luxus verführt hatte. Eigentlich könnte ich öfter einmal essen gehen und mir überhaupt mehr erlauben, dachte sie, erstaunt über sich selbst.

Zufrieden und mit so heiterer Laune wie schon lange nicht mehr erreichte sie ihre Wohnung und wollte sich, wie gewohnt, noch mit einem guten Buch auf ihr heimeliges Sofa zurückziehen, als ihr die Lichtgestalt den Band aus der Hand nahm und sie ins Badezimmer schickte. Er zog ihr die Spangen aus dem streng nach hinten gekämmten, aufgesteckten Haar, sodass sich ihre blonden Locken bis über die Schultern ergossen. Seit langer Zeit sah Bettina M. sich wieder einmal lächeln, als sie in den Spiegel sah. Die ihr sonst eigenen verbitterten Züge um die Mundwinkel waren völlig verschwunden. Sie duschte und leistete es sich, die Parfumcreme zu

benutzen, die sie sich ansonsten für besondere Anlässe vor-
behielt, weil sie so teuer war.

„Jetzt zieh das schönste Kleid an, das du hast", mahnte sie die
eindringliche Stimme, die sie über den Tag hin begleitet hatte.
Sie brauchte eine Weile, bis sie in ihrem Kleiderschrank ein
aufregend purpurrotes, leicht transparentes Kleid entdeckte,
das sie sich zwei Jahre zuvor für die Hochzeit einer Freundin
gekauft und seither nie mehr getragen hatte. Sie zog es an und
begann nun auch Freude daran zu empfinden, sich zu schmin-
ken. „Eigentlich sehe ich doch noch recht gut aus", dachte sie
erstaunt, als sie sich im Spiegel betrachtete.

„Nun komm schon", mahnte der Engel. Und so dauerte es auch
nicht lange, bis sie sich in einem Tanzcafé wiederfand, das ihr
bisher nur vom Namen bekannt gewesen war.

Es ist schon Jahre her, dass ich einmal unter Menschen war,
dachte sie erstaunt, als sich auch schon ein attraktiver Herr
mittleren Alters vor ihr verbeugte. „Darf ich bitten?", fragte er
galant. Beim dritten Walzer wurde ihr schwindelig und sie lehnte ihren Kopf an die Schulter ihres Tänzers. Der deutete diese
unerwartete Geste als Zeichen der Zuneigung und drückte Bet-

tina M. heftig an sich. Gerade wollte sie sich wehren, als ihr die Lichtgestalt unsichtbar zuflüsterte, sie dürfe Nähe ruhig einmal zulassen. Halb unbewusst erwiderte sie somit den Druck des Mannes und genoss die behutsame körperliche Nähe, die sie sich in ihrem bisher so puritanischen Lebensstil stets untersagt hatte.

Dass der Engel in der Zwischenzeit entschwunden war, hatte Bettina M. im Rausch ihrer Gefühle nicht bemerkt. Zu sehr genoss sie die ein Leben lang entbehrte Zärtlichkeit und Liebe.

Am kommenden Morgen erschien sie zwar mit relativ müden Augen, aber zugleich mit geröteten Wangen und offenem Haar im Büro. Sie strahlte eine solche Freude aus, dass man sie selbst geradezu für einen Engel hätte halten können. Ihre Mitarbeiterinnen und Mitarbeiter waren mehr als überrascht über die Verwandlung ihrer Chefin und stellten allerlei Mutmaßungen an.

„Sie brauchen nicht über mich zu tuscheln", sagte Bettina M. mit klarer und freundlicher Stimme. „Mein Geheimnis verrate ich Ihnen sowieso nicht. Um zehn Uhr sehe ich Sie alle zur Besprechung." Nun, so dachten die meisten, geht doch alles wieder seinen geordneten und strengen Gang. Als sie sich jedoch zur vereinbarten Zeit in dem ansonsten grauen und tristen Besprechungszimmer einfanden, wagten sie kaum, ihren Augen zu trauen. Der Tisch war einladend gedeckt und in der Mitte, neben einem wundervollen Strauß bunter Sommerblumen, standen Kannen mit Kaffee und Tee und Teller mit Kuchenstücken. „Greifen Sie zu, meine Damen und Herren. Wir sollten uns auch bei der Arbeit eine angenehme Atmosphäre schaffen, das kommt dem gesamten Betriebsklima zugute", meinte Bettina M. und fuhr leise, wie im Selbstgespräch fort: „Wir sollten uns überhaupt viel mehr Freude in unserem Leben gönnen."

Die Sinne öffnen

Der Engel in dir
durchwebt dich
mit sanftem Licht.
Schweigend
löst er deine
Verbitterung auf,
mit behutsamer Hand
öffnet er dir den Weg
zu deinen Träumen.
Rosen erblühen
inmitten der Nacht
und das Lied
der Zärtlichkeit
durchsingt
deinen Tag.

Die fremde Frau

Sie trug einen großen Kummer in ihrem Herzen. Ich weiß nicht mehr, wie es weitergehen soll, dachte sie. Wie gut wäre es, wenn ich jemanden fände, mit dem ich mich aussprechen könnte. Meine Freundin wird sicher ein offenes Ohr für mich haben. Sie ging zum Telefon und wählte ihre Nummer. „Kann ich zu dir kommen, ich würde gern mit dir reden", bat sie. Es folgte eine kurze Zeit der Stille. Sie spürte schon, dass ihre Bitte ungelegen kam.

Zögerlich antwortete die Freundin: „Es tut mir leid. Im Augenblick ist das ganz schlecht, meine Kinder sind zu Besuch und du weißt ja, wie selten ich sie zu sehen bekomme. Aber ich weiß ja, dass du dafür Verständnis hast."

„Ja, natürlich, es war ja auch nur eine Frage. Dann wünsche ich euch eine gute Zeit miteinander."

„Danke, und dir auch alles Gute."

Ihr fiel ein früherer Kollege ein, mit dem sie sich immer gut verstanden hatte. Sie schrieb ihm eine E-Mail. Die Antwort ließ nicht lange auf sich warten.

„Schön, dass du dich mal wieder gemeldet hast. Aber zur Zeit muss ich einen Kollegen vertreten und so viele Überstunden machen, dass ich abends, wenn ich endlich aus dem Geschäft komme, hundemüde bin. In vier Wochen wird es weniger, dann können wir ja einmal ein Bier miteinander trinken. Mach's gut, Jürgen."

Vielleicht hat die Nachbarin etwas Zeit für mich. Ich habe schon so oft für sie Besorgungen gemacht, da wird sie mir meine Bitte nicht abschlagen. Sie zog sich eine frische Bluse an, ging zum Nebenhaus und klingelte. Es dauerte eine Weile, bis die alte Dame an die Tür kam. „Darf ich hereinkommen? Ich habe etwas auf dem Herzen und möchte gern mit jemandem reden."

„Ach, das passt jetzt ganz schlecht. Ich will nachher zum Seniorenabend in der Gemeinde und bis dahin möchte ich mich noch etwas hinlegen."

„Dann entschuldigen Sie bitte die Störung." Schon hatte sie sich umgedreht, um eiligst die Treppe hinunterzulaufen.

Ja, sie selbst hatte immer für alle und alles Verständnis und auch Zeit, ging es ihr durch den Kopf. Sie konnte nicht verhindern, dass eine Spur von Bitterkeit in ihr aufstieg.

Vielleicht wird mir ein Spaziergang guttun, dachte sie. In der Nähe war eine wundervoll angelegte Grünanlage. Sie machte sich auf den Weg. Im Park angekommen, setzte sie sich auf eine Bank. Doch sie konnte sich nicht an den wundervollen Blumenrabatten freuen. Immer wieder ging ihr der große Schmerz, mit dem sie zu kämpfen hatte, durch den Sinn und schließlich kamen ihr die Tränen.

Sie wusste nicht, wie lange sie schon auf der Bank saß, als sich eine fremde Frau neben sie setzte. „Ihnen geht es nicht gut, nicht wahr?", fragte diese nach kurzer Zeit mit leiser Stimme.

Sie blickte die fremde Frau erstaunt an. „Ich habe gesehen, dass Sie weinen. Kann ich Ihnen irgendwie helfen?" Sie reichte ihr ein Papiertaschentuch, damit sie sich die Tränen trocknen konnte.

„Ich kenne Sie doch gar nicht", meinte sie verwirrt.

„Das macht doch nichts. Ich habe schon oft großen Kummer gehabt und ich weiß, dass es hilft, wenn man sich jemandem anvertrauen kann."

Und dann erzählte sie der Fremden, was ihr so weh tat. Immer wieder liefen ihr dabei die Tränen über das Gesicht. Es mochte wohl eine Stunde vergangen sein, als sie sich alles vom Herzen geredet hatte. Sie wurde still.

„Geht es Ihnen jetzt besser?"

Sie nickte.

„Kommen Sie, jetzt lade ich Sie noch zu einer Tasse Kaffee ein. So viel Zeit habe ich noch." Schweigend gingen sie zusammen zu dem Café am Eingang des Parks, wo sie freundlich bedient wurden.

Schließlich nahm die Frau die Hand der Fremden. „Sie wissen gar nicht, wie sehr Sie mir geholfen haben. Ich danke Ihnen von ganzem Herzen."

„Das habe ich gern getan." Sie sah auf ihre Armbanduhr. „Aber jetzt muss ich gehen. Alles Gute für Sie!" Schneller als erwartet stand die Fremde auf und verschwand.

Die Frau ist noch oft in den Park gegangen, aber die Hoffnung, die fremde Frau noch einmal zu treffen, erfüllte sich nicht. Doch diese einmalige Begegnung blieb ihr zeitlebens in dankbarer Erinnerung.

Wo
finde ich Trost,
wer trocknet
meine Tränen,
wenn die Verzweiflung
laut in mir schreit?
Wer stillt meinen Hunger
nach Nähe –
gegen die würgende
Hilflosigkeit?
Vielleicht,
irgendwann, irgendwo,
finde ich eine Hand,
die mich hält.

Lieschen braucht mich doch

„Kommst du noch mit ins Kino, Anne?"

„Was läuft denn?"

„‚Zwei Schwestern im Schnee'. Soll irre spannend sein. Dazu mit einer wilden Liebesromanze. Das ist doch was für dich, oder?"

„Ach, der ist doof, den habe ich schon gesehen."

„Was wollen wir dann machen? Hast du Lust, mit mir zusammen in die neue Disco zu gehen? Harald hat gesagt, die wäre echt geil aufgemacht?"

„Nee, auf Disco stehe ich zur Zeit nicht, da versteht man ja sein eigenes Wort nicht."

„Meine Güte, wie alt bist du eigentlich? Also, dritter Vorschlag: Wir gehen auf den Jahrmarkt."

„Hab keinen Bock auf Karussell fahren und Bratwürste."

„Was hast du denn heute Abend vor? Fernsehen vielleicht?"

„Da kommt auch nichts Vernünftiges, nur Sendungen mit Volksmusik und Ratespiele."

„Du kannst einem ja ganz schön die gute Laune verderben. Erst machen wir in der Schule aus, dass wir heute Abend zusammen etwas unternehmen, und jetzt hängst du nur deprimiert in der Gegend herum wie ein nasser Sack. Was ist los? Hast du Probleme?"

„Ne, habe ich eigentlich nicht."

„Was heißt eigentlich? Also ist doch was nicht in Ordnung mit dir?"

„Gib dir keine Mühe, Sarah. Ist lieb von dir gemeint. Aber ich habe auch nicht konkret irgendetwas wie Liebeskummer oder Krach mit den Eltern. Mir hängt einfach das ganze Leben zum Hals heraus. Jeden Tag das Gleiche: aufstehen, Schule, Hausaufgaben, Fernsehen, am Samstag ins Kino oder in die Disco. Der Sonntag ist noch schlimmer. Ausschlafen, spazieren gehen oder für die nächste Klassenarbeit büffeln. Es gibt überhaupt nichts Neues mehr."

„Verstehe ich nicht", erwiderte Sarah, „es gibt immer mal wieder neue Filme, in der Disco kannst du jede Woche neue Leute kennenlernen, die Natur verändert sich ständig und in der Schule ist doch auch immer was los."

„Dein sonniges Gemüt möchte ich haben."

„Lass uns jetzt wenigstens raus gehen, wir können uns ja erst einmal in die Eisdiele setzen. Vielleicht treffen wir da ein paar Leute und du kriegst dann mehr Lust, etwas zu unternehmen."

Mit mürrischem Gesicht zog Anne hinter der unternehmungslustigen Sarah schließlich los.

„Was machst du eigentlich sonntags?", wollte Anne wissen.

„Komm morgen früh um neun Uhr zu mir, dann zeige ich es dir", antwortete Sarah geheimnisvoll.

„So früh bist du schon auf?"

„Ich denke, dich ödet das Ausschlafen an? Hast du doch eben noch gesagt."

„Gehst du in die Kirche? Da kriegen mich keine zehn Pferde hin, gib dir keine Mühe!"

„Lass dich überraschen, also bleibt es dabei? Morgen früh um neun Uhr bei mir?" Anne nickte.

Am Sonntagvormittag klingelte sie tatsächlich pünktlich bei Hansens. „Ach, das ist aber nett, dass ich dich auch mal wieder sehe. Wie geht es dir denn, Anne?" Sarahs Mutter streckte ihr erfreut die Hand hin. Früher war Anne oft bei Sarah zu Hause gewesen, ihre Eltern kannten sie gut. „Ich wusste gar nicht, dass du auch im Margaretenhaus arbeitest. Ihr müsst euch beeilen, Kinder, damit ihr nicht zu spät kommt."

„Hast du schon gefrühstückt, Anne? Trink ruhig noch eine Tasse Kaffee, ich fahre euch dann hin." Herr Hansen stellte noch ein Gedeck auf den Tisch, als Sarah aus dem Bad kam.

„Lieb von dir, Papi, da kann ich ja auch noch kurz frühstücken. Ich bin noch gar nicht ganz wach. War doch etwas zu spät geworden heute Nacht." Die beiden Mädchen hatten in der Eisdiele tatsächlich noch ein paar Freundinnen und Freunde getroffen und waren dann doch, alle zusammen, in die Disco gegangen.

„Ich verstehe nicht recht", meinte Anne, als sie mit Sarah allein war. „Wo willst du mich mit hinschleppen? Ins Margaretenhaus, in das Heim für behinderte Kinder? Hältst du mich für total blöd? Was soll ich denn da?"

„Nun warte es doch erst einmal ab. Ich zeige dir alles und wenn es dir dort nicht gefällt, dann gehst du eben wieder nach Hause. Ist ja ein schöner Sonntagsspaziergang, immer am Fluss entlang, da blühen jetzt die Rosensträucher", fügte sie fröhlich hinzu.

Mit dem Auto hatten sie das Margaretenhaus in fünf Minuten erreicht. „Na, dann viel Freude bei der Arbeit!", rief Herr Hansen ihnen nach. „Heute Abend gehen wir noch Pizza essen, kannst mitkommen, wenn du magst, Anne, ich lade euch ein."

Kaum hatten sie den parkartigen Garten von St. Margareten betreten, lief ihnen ein etwa fünfjähriges Mädchen entgegen, das das Downsyndrom hatte, und schmiegte sich an Sarah. „Sarah, lieb haben die Mia", brachte sie strahlend hervor. Sarah drückte das Kind an sich, bückte sich zu ihm hinunter und begann liebevoll, mit der Kleinen so zu sprechen, dass diese sie verstehen konnte. Ihre Freundin schien sie vergessen zu haben.

„Ah, das ist aber fein, haben wir noch eine Hilfskraft heute?" Schwester Gudrun kam auf Anne zu. „Hat unsere gute Sarah dich mitgebracht? Ich darf doch ‚du' sagen, oder? Sarah ist ein

Schatz, hoffentlich hat sie bald die Mittlere Reife in der Tasche, damit sie ganz bei uns anfangen kann."

„Hier willst du arbeiten?" Anne widerte der Anblick dieser Kinder an. Vor ihr hatte sich ein Achtjähriger aufgebaut, der sie mit wirrem Blick anstarrte. „Spiel mit mir!", befahl er, nahm sie bei der Hand und sabberte ihr in einer Geste, die von Ferne nahezu wie ein Handkuss aussah, den Ärmel voll. Angeekelt riss sie sich los.

Die Schwester hatte die Szene beobachtet, trat neben Anne und meinte freundlich: „So hast du dir das hier wohl nicht vorgestellt. Ich zeige dir jetzt das Haus, die Spiel- und Badezimmer und den Speisesaal. Unsere Kinder brauchen viel Liebe und ganz persönliche Zuwendung. Deshalb sind wir froh, wenn wir freiwillige Helferinnen und Helfer finden, die sich regelmäßig um einzelne Kinder kümmern. Oft wollen die eigenen Eltern ja nichts mehr von ihren Kindern hier wissen."

Das verstehe ich, hätte Anne am liebsten gesagt, aber sie wollte die freundliche Schwester nicht kränken. Die soll sich ja nicht einbilden, dass ich diese kleinen Monster womöglich noch bade oder auf die Toilette setze, dachte Anne. Und von einer regelmäßigen Tätigkeit hier im Heim kann schon gar keine Rede sein.

Die Schwester ahnte, was in Anne vorging, sagte aber nichts. „Komm, ich zeig dir jetzt unser Sorgenkind." Sie führte Anne in ein helles Zimmer, in dem ein etwa fünfjähriges Mädchen in einem Schaukelstuhl saß, die langen Haare sorgfältig zu festen Zöpfen geflochten, deren Enden von lustigen Spangen gehalten wurden. „Sie heißt eigentlich Lisa, aber wir nennen sie hier alle Lieschen. Sie hat schon von Geburt an eine spastische Bewegungsstörung. Die schwere geistige Behinderung ist durch eine Hirnhautentzündung dazugekommen, als sie drei Jahre alt war. Sie schaukelt so gern. Am liebsten sitzt sie bei jemandem auf dem Schoß und lässt sich wiegen, die menschliche Wärme tut ihr gut. Traust du dir zu, ihr zu essen zu geben?"

Am liebsten wäre Anne auf und davon gerannt, den Fluss entlang, nur fort von all dem Elend hier. Aber stattdessen blieb sie stocksteif stehen und nickte nur. „Fein", sagte Schwester Gudrun, „ich hole dir den Brei aus der Küche und eine Schürze bringe ich dir auch gleich mit, die wirst du brauchen bei deinem schönen hellen Leinenkleid."

Zu blöd, dass Sarah ihr nicht gesagt hatte, was Sache war. Sonst hätte sie sicher nicht ihr bestes Kleid angezogen, ach, dann wäre sie überhaupt nicht hier gelandet an so einem sonnigen Frühsommertag. Was hätte man stattdessen alles unternehmen können. Voller Sehnsucht dachte sie an den herrlichen Baggersee; da war jetzt bestimmt eine Menge los. Dass sie sich noch am Vorabend über die trostlosen Sonntage beklagt hatte, kam ihr dabei nicht in den Sinn.

„Am besten setzt du dich selbst in den Schaukelstuhl und nimmst Lieschen dann auf den Schoß." Schwester Gudrun war mit einer Schüssel voller Obstbrei zurückgekommen. Anne holte tief Luft und tat, was man von ihr verlangte. Das Kind starrte sie mit offenem Mund an, als wollte es fragen: „Magst du mich ein wenig?"

Anne gab sich alle Mühe, ihr den Brei zu geben, aber jeder zweite Löffel lief Lieschen wieder aus dem Mund heraus. „Ich kann das nicht", rief sie verzweifelt, „nehmen Sie das Kind von meinem Schoß." Sie weinte vor Ekel und Verzweiflung.

Da streckte das Kind seine Ärmchen aus, zitternd, unkontrolliert – und doch wie auf wundersame Weise zielgerichtet rieb es Anne die Tränen von der rechten Wange. Die war über diese unerwartete zärtliche Geste des Kindes, das sie gar nicht als Menschen wahrgenommen hatte, dermaßen erschrocken, dass sie es fast hätte fallen lassen. Verlegen streichelte sie dem Kind den Kopf. War das Dankbarkeit, was ihr aus Lieschens Augen entgegenkam oder bildete sie sich das nur ein? Kriegte Lieschen überhaupt etwas mit von der Welt oder nicht? Sie nahm das Kind wieder auf den Schoß und begann, ihm etwas vorzusingen. Irgendwann gab auch Lieschen einige grunzende Laute von sich.

Später brachte sie die Kleine nach draußen und ließ sie an den unterschiedlichen Blumen und Kräutern riechen. Im Grunde genommen nahm sie dabei selbst das erste Mal in ihrem Leben bewusst den Duft von Ziertabak und Rosen, von Thymian und Salbei wahr.

Wie schön der Garten angelegt war. Ringsum wuchsen hohe Buchsbaumhecken, damit die Kinder vor den Blicken Neugieriger geschützt waren. In der Mitte war ein kunstvoller Springbrunnen angelegt, an dem die Kinder planschen konnten, ohne Gefahr zu laufen, ins Wasser zu fallen und zu ertrinken. Auf den weiträumigen Rasenflächen hatten einige einfache Sport- und Spielgeräte ihren Platz.

Immer neue Möglichkeiten fielen Anne ein, um herauszufinden, was Lieschen wahrnahm, was ihr Freude machte und worauf sie nicht reagierte. Das Angebot, eine Essenspause zu machen, lehnte sie ab.

Es war schon später Nachmittag, als Sarah sie am Ärmel zupfte. „Genug für heute, Feierabend."

„Kommst du einmal wieder, Anne? Ich glaube, Lieschen hat Freundschaft mit dir geschlossen, und ich würde mich auch freuen." Schwester Gudrun reichte ihr freundlich die Hand.

„Mal sehen, ich muss das alles erst mal verkraften", erwiderte Anne. Erst auf dem Heimweg spürte sie, wie müde sie war.

„Was ist mit heute Abend, kommst du mit, Pizza essen?"

„Ich glaube kaum, ich bin völlig kaputt. Sag deinen Eltern einen schönen Gruß, vielleicht ein andermal. – Wie lange machst du das eigentlich schon?", wollte sie nach einiger Zeit von ihrer Freundin wissen.

„Ach, auch erst seit zehn Wochen. Ich wollte erst einmal ausprobieren, ob ich mit behinderten Menschen umgehen kann, bevor ich mit einer sonderpädagogischen Berufsausbildung anfange."

„Und warum hast du mir davon kein Sterbenswörtchen erzählt?"

„Du hättest mich doch für völlig verrückt gehalten, dass ich sonntags, anstatt mich in die Sonne zu legen, freiwillig arbeite. Heute Morgen hast du doch auch noch gedacht, dass ich spinne."

Anne nickte. Inzwischen waren sie vor Annes Elternhaus angekommen. „Tschüs dann, bis morgen."

Anne ging sofort auf ihr Zimmer. Sie hatte keine Lust, ihren Eltern zu erzählen, wo sie den ganzen Sonntag über gesteckt hatte. Die würden ihr sowieso nicht glauben oder sich mit dem Finger an die Stirn tippen. ‚Leistung bringen, Geld verdienen', war die Devise ihres Vaters. Ihre Mutter hatte ohnehin in erster Linie ihre Termine beim Masseur und bei der Kosmetikerin und die neueste Partymode im Kopf.

Sie legte sich auf ihr Bett und ließ den Tag noch einmal an sich vorüberziehen. Nach kurzer Zeit schon war sie eingeschlafen.

Als Sarah sie am nächsten Samstag fragte, ob sie am Sonntag

wieder mit ins Heim käme, gab sie sich zurückhaltend. „Vielleicht, ja, einmal kann ich ja noch mitkommen." Sie mochte nicht zugeben, dass sie die ganze Woche an den vergangenen Sonntag gedacht und sich mit den Problemen, die dort auf sie eingestürmt waren, auseinandergesetzt hatte.

Doch es blieb nicht beim zweiten Mal. Es folgten noch viele Sonntage, an denen die beiden Mädchen zusammen ins St. Margaretenhaus fuhren. Anne freute sich über jede kleine Reaktion, die Lieschen zeigte, wenn sie mit ihr spielte, sie schaukelte, badete und wiegte. Wenn sie lachte, wusste Anne, dass sich die Kleine ihres Lebens freute, auch wenn ihr dabei manchmal etwas Speichel aus dem Mund lief. Doch daran hatte sich Anne längst gewöhnt.

Eines Samstagabends, als beide Mädchen vergnügt in die Disco zogen, wagte Sarah die Frage, die ihr schon lange auf den Lippen brannte: „Sag mal ehrlich Anne, hängt dir das ganze Leben eigentlich immer noch zum Hals heraus?"

„Wie kommst du denn auf die Idee?", fragte Anne fast schroff, „Lieschen braucht mich doch."

Du siehst die Rosen
am silbernen Fluss,
die Sonne, wie sie
das Blattwerk der Bäume
durchstrahlt,
von einem Grün
zu dem anderen.
Du träumst
den Wolken nach
unter dem Himmelsblau
und weißt
um einen Menschen,
der dich braucht –
wie kann dir das Leben
da langweilig sein?

Die Überraschung

W as für ein wunderschöner Strauß. Seien Sie doch so nett und stellen Sie ihn in eine Vase", bat ich die Krankenschwester, die mir ein herrliches Blumengebinde ans Bett gebracht hatte. „Und geben Sie mir bitte auch die Karte, damit ich sehen kann, wer mir diese große Freude gemacht hat."

„Eine Karte kann ich nicht finden", erwiderte sie und verließ das Zimmer.

Ich freute mich an den Blumen, grübelte aber ständig darüber nach, wer der Absender sein könnte. Eine Freundin, die mich besuchte, meinte schmunzelnd: „Du hast bestimmt einen heimlichen Verehrer!"

„So ein Blödsinn. Aber im Ernst: Es weiß so gut wie niemand, dass ich im Krankenhaus bin."

Als ich wieder daheim war, rief ich zunächst meine Freundinnen der Reihe nach an. Ich erkundigte mich nach ihrem Befinden, erzählte von meinem Klinikaufenthalt und flocht ganz nebenbei ein, dass ich dort so eine schöne Überraschung erlebt hatte. Doch keine von ihnen ging darauf ein oder sagte etwas von einem Blumenstrauß.

Von Tag zu Tag beschäftigte mich die Frage, wer mir diese große Freude gemacht haben könnte, immer mehr. In Gedanken ging ich meinen ganzen Bekanntenkreis durch. Schließlich erinnerte ich mich an eine frühere Freundin, die aus mir unerfindlichen Gründen von heute auf morgen den Kontakt zu mir abgebrochen hatte. Zu einer Aussprache war es nie gekommen. Mir waren all diese Jahre vertrauter Nähe immer wieder durch den Kopf gegangen, aber ich hatte keinen konkreten Grund finden können, aus dem sie auf meine Briefe nicht mehr geantwortet hatte. In der ersten Zeit hatte ich nahezu jeden Tag an sie gedacht. Aber wie lautet ein Sprichwort: ‚Die Zeit heilt alle Wunden.‘ Nach und nach hatte ich mich damit abgefunden, dass diese Beziehung ihr Ende gefunden hatte und ich mich von ihr verabschieden musste.

Sollte der schöne Strauß von ihr gewesen sein? Wollte sie dadurch wieder Kontakt zu mir aufnehmen? Aber wie hätte sie etwas von meinem Klinikaufenthalt wissen können? Ich entwickelte die unterschiedlichsten Fantasien dazu, wen von meiner Familie sie möglicherweise getroffen haben könnte, der ihr von meiner Situation berichtet hatte. Inzwischen war ich dermaßen auf sie als Absenderin der Blumen fixiert, dass ich all meinen Mut zusammen nahm und sie anrief.

„Das ist ja eine Überraschung, dass du dich wieder einmal bei mir meldest. Ich dachte schon, du wolltest nichts mehr mit mir zu tun haben."

„Dasselbe hatte ich auch von dir gedacht", erwiderte ich. „Du hast ja auf meine letzten E-Mails nicht mehr reagiert."

„Ich weiß, das tut mir auch sehr leid. Aber bei uns war so viel los." Und dann kamen wir ins Erzählen. Ihr Mann war an Demenz erkrankt, sodass sie rund um die Uhr für ihn sorgen musste. „Ich hatte keine Kraft mehr, aber das ist natürlich keine Entschuldigung dafür, dass ich nichts mehr von mir habe hören lassen."

„Wusstest du, dass ich für mehrere Wochen im Krankenhaus lag?", fragte ich.

„Um Himmels Willen, was hat dir denn gefehlt?"

Diesen Worten entnahm ich, dass auch sie nicht die Absenderin der Blumen gewesen war. Nach und nach erzählten wir uns von all den Ereignissen und Erfahrungen der vergangenen Jahre. Schließlich meinte sie: „Ich danke dir sehr, dass du mir mein langes Schweigen verziehen hast. Ich würde mich sehr freuen, wenn wir nach all den Jahren an unsere Freundschaft anknüpfen und uns wieder einmal treffen könnten. Du weißt schon, in der Weinstube, in der wir früher immer zusammengesessen und miteinander geplaudert haben." Es fiel mir am Ende des Gespräches nicht schwer, mit ihr einen Termin auszumachen.

Es war ein milder Spätsommertag, als wir im Garten besagter Weinstube einen gemütlichen Abend miteinander verbrachten. Nach und nach kamen wir immer mehr ins Erzählen. Zu später Stunde verabschiedete sie sich mit den Worten: „Ich bin so froh, dass du dich wieder bei mir gemeldet hast. Was hat dich denn eigentlich dazu bewegt?" Ich wich einer Antwort geschickt aus.

Bis heute weiß ich nicht, wer mir die Blumen ans Krankenbett geschickt hat. Aber das ist inzwischen auch gleichgültig geworden. Manchmal birgt eben das Zufällige, das, was einem ganz überraschend zufällt, einen tiefen Sinn. So gesehen ist mir jetzt allein wichtig, dass mir durch diesen anonymen Strauß die Erneuerung einer einst so bedeutenden Freundschaft geschenkt worden ist.

Mitten am Tag
weht dir Staunen
ins Herz,
blüht Freude auf,
überrascht dich das Leben
noch einmal ganz neu.
Die Wurzeln des Glücks
weißt du nicht
zu erfassen,
doch am Ende
fällt dir ein Wunder
vom Himmel
wie ein goldener Stern.

Der Regenbogenvogel

Es ist schon eine lange Zeit her, als ein junger Edelmann das Bedürfnis hatte, einem lieben Freund zum Geburtstag etwas ganz Besonderes zu schenken, um ihm zu zeigen, wie wichtig und wertvoll er ihm war. Was würde ihn glücklich machen? Was würde jemanden zutiefst erfreuen, der im Grunde genommen alles besaß?

Der Freund bewohnte ein kleines Schloss, das von einem weitläufigen, gepflegten Anwesen umgeben war; in seinen Stallungen hielt er die edelsten Pferde und konnte sogar eine vornehme Kutsche sein eigen nennen. Schränke und Vitrinen bargen kostbares Porzellan; die Regale barsten vor in Leder gebundenen Büchern, Speisekammern und Keller waren angefüllt mit den feinsten Speisen und besten Weinen. Der junge Edelmann war verzweifelt. Mein Geschenk soll in diesem Jahr etwas ganz Besonderes sein, dachte er, mit dem ich ihm gegenüber meine hohe Achtung und Freundschaftsliebe zum Ausdruck bringen möchte, aber ihm fiel beim besten Willen nichts ein.

Er beriet sich mit einigen Vertrauten, die ihn dazu ermutigten, einen Weisen um Rat zu fragen. Man wusste ihm auch einen zu nennen, der sich im Laufe der Jahre einen gewissen Ruhm erworben hatte, und so begab er sich auf die Reise zu dem, den alle den „großen Meister" nannten.

„Großer Meister", begann er seine Rede, „ich bitte Euch um einen Rat."

„Was bedrückt dich, dass du den weiten Weg unternommen hast, um zu mir zu kommen?"

Mit kummervoller Mine trug er ihm sein Anliegen vor. Der Meister schwieg eine Weile und der Edelmann fürchtete schon, dass auch dem Meister, der von allen gerühmt wurde, keine Lösung seines Problems einfallen würde, als dieser ihm schließlich in die Augen blickte und meinte: „Wenn du es wirklich ernst meinst mit deinem Anliegen und diesem von dir so geachteten Menschen etwas schenken möchtest, das ihm niemand außer dir in dieser Weise geben kann und das so kostbar ist, dass es alle Werte, die er bereits besitzt, übersteigt, dann wird ein beschwerlicher Weg vor dir liegen."

„Dazu bin ich gern bereit, großer Meister", antwortete der Edelmann untertänig, „wenn Ihr mir nur den geringsten Hinweis darauf geben wollt, so werde ich ihm ohne zu zögern folgen."

„Nun denn, hör genau auf das, was ich dir sagen werde. Schenk ihm den Regenbogenvogel!"

„Den Regenbogenvogel?" Der junge Edelmann sah ihn erstaunt an. „Wo kann ich den finden?"

Der Weise winkte ihn zu sich heran und flüsterte ihm etwas ins Ohr. Der Edelmann nickte dankbar und verabschiedete sich untertänig.

Schon kurz darauf spannte er seinen Wagen an und machte sich auf den Weg. Nach drei Tagen erreichte er den großen Park, von dem der Weise gesprochen hatte. Vom Morgen bis zum Abend durchschritt er die wundervolle Anlage. Hunderte an Vögeln flogen umher und sangen und zwitscherten um die Wette. Wie sollte er herausfinden, wer von allen der Regenbogenvogel war? Er setzte sich auf eine Bank und dachte daran, wie viel ihm sein Freund bedeutete und wie wichtig es ihm war, ihm dieses einzigartige Geschenk überreichen zu können, in dem seine Freundschaftsliebe zum Ausdruck kommen würde. Denn der Regenbogenvogel, so hatte es ihm der Weise anvertraut, sei ein sprechender Weisheitsvogel und würde sich nur von dem einfangen lassen, in dessen Herzen eine große Liebe wohnte.

Während er noch vor sich hin träumte, erblickte er plötzlich auf einem Ast über sich einen bunt gefiederten Vogel, der zu ihm herabzublicken schien. Das muss er sein, durchfuhr es ihn. Schnell nahm er das zarte Netz, das er bereitgehalten hatte, und schlang es behutsam über das Tier. Im gleichen Augenblick durchzog ihn ein unbeschreibliches Glücksgefühl.

Nun galt es, eilig die Rückreise anzutreten, um zu dem Fest des Freundes nicht zu spät zu kommen. Die nächste Stadt, die er am Abend zu erreichen gedachte, lag eine Tagesreise weit entfernt. Er durfte also keine Zeit verlieren. Unterwegs erhob er immer wieder die Peitsche gegen die Pferde, damit sie schneller vorankämen. Was war das für ein Vergnügen, bei strahlend blauem Himmel rechts und links die besonnten Weizenfelder an sich vorbeiziehen zu sehen.

Doch plötzlich wurde er durch ein klägliches Geräusch aus seinen Gedanken gerissen. Er hielt die Pferde an, stieg vom Wagen und sah sich um. Nichts rührte sich. Gerade wollte er wieder auf den Kutschbock steigen, da vernahm er das Klagen erneut. Es schien aus dem Weizenfeld zu kommen. Behutsam bog er die Halme auseinander, als er ein Rehkitz entdeckte, das sich offensichtlich verlaufen hatte, denn der Wald war weit entfernt. Es wirkte sehr erschöpft und als er sich noch ein wenig näher wagte, konnte er erkennen, dass es am Bein verletzt war. Das Tier hatte ihn augenscheinlich nicht gewittert, denn es rührte sich nicht vom Fleck. Was sollte er tun? Er durfte dieses hilflose kleine Wesen doch nicht sich selbst überlassen. Andererseits konnte er sich keine längere Pause leisten, wenn er in der Stadt sein wollte, um dort sein Nachtquartier zu beziehen, bevor die Tore geschlossen wurden. Die Gegend hier war nicht ungefährlich; erst unlängst waren auf dieser Straße zwei Wagen von Räubern überfallen und ausgeraubt worden; den einen Fuhrmann hatte der Versuch, sein Hab und Gut zu verteidigen, sogar das Leben gekostet. Wo sollte er die Nacht verbringen, wenn er sich um das Tier kümmerte? Würde er dann noch rechtzeitig auf dem Fest seines Freundes erscheinen? Die Pflege des Tieres konnte ihn wertvolle Zeit kosten. Einen Moment lang zögerte er; doch das Kitz erbarmte ihn so sehr, dass er es mit einer geschickten Handbewegung ergriff und in ein warmes Tuch wickelte.

Erneut trieb er die Pferde an und hielt rechts und links nach einem Bauernhof Ausschau, wo er etwas Milch erwerben könnte. Doch vergeblich. Als ihm ein Gefährt entgegenkam, winkte er und bedeutete dem Kutscher, die Pferde stillstehen zu lassen. „Die Bauernhöfe liegen fern ab von dieser Straße. Da müsst Ihr Euch am Ende der Pappelallee rechts halten!", gab ihm der Kutscher Auskunft.

Dankbar zog er seinen Hut. Die Nachmittagssonne legte sich schon mit warmem Licht über Feld und Flur, als er das nächste Gehöft erreichte. Behutsam nahm er das verwundete Tier auf die Arme, klopfte an die Tür des Hauses und trug der Bäuerin sein Anliegen vor. Es dauerte nicht lange, da kam sie mit einer Schale warmer Milch für das Kitz zurück. Es trank gierig. Als er begann, es behutsam zu streicheln, schien es sich wohlzufühlen. Offenbar hat es Vertrauen zu mir gefasst, sodass ich jetzt auch seine Wunde versorgen kann, ging es ihm durch den Kopf. Zunächst reinigte er sie von der Blutkruste, dann verband er sie sorgsam. Das Tier ließ diese Prozedur regungslos über sich ergehen. Liebevoll kraulte er sein Fell, bis es eingeschlafen war.

„Darf ich ein paar Tage bleiben, damit ich das Tier pflegen kann, bis es gewissermaßen wieder auf eigenen Beinen steht?", bat er die Bäuerin.

„Wenn es Euch nichts ausmacht, im Heuschober zu schlafen, gern."

Zur Ruhe kam er in dieser Nacht nicht; wie immer er sich auch drehte und wendete, das Heu stach ihn von allen Seiten. Doch das brachte ihn nicht von seinem Vorhaben ab.

Beim ersten Hahnenschrei erhob er sich von seinem harten Nachtlager und wandte sich wieder dem Kitz zu. Nach drei Tagen war die Wunde soweit verheilt, dass er das Tier in die Freiheit entlassen konnte.

Die freundliche Bäuerin brachte ihm, wie auch an den Vortagen, Milch, Brot und Käse zum Frühstück. Er war dankbar für die Stärkung und machte sich erneut auf den Weg.

Gegen Mittag gelangte er zu der Stadt, die er eigentlich schon drei Tagen zuvor hatte erreichen wollen. Müde von den weitgehend durchwachten vergangenen Nächten ließ er sich in einem Wirtshaus nieder und bestellte Braten und Bier. Nach dem Essen musste er, übermüdet, wie er war, wohl eingenickt sein.

Plötzlich wurde er durch ein Gepolter in der Schankstube aus dem Schlummer gerissen. Verwundert stellte er fest, dass sich eine junge Frau an seine Schulter gelehnt hatte und leise vor sich hin weinte. Das hat mir gerade noch gefehlt, dachte er.

Er wollte schon den Wirt rufen, um seine Rechnung zu begleichen, damit er unverzüglich aufbrechen könne, als die Frau zu erzählen begann. Seit Jahren schon würde sie von ihrem Mann auf das Übelste beschimpft und immer wieder geschlagen. Jetzt sei sie davongelaufen, weil sie die Zustände daheim nicht länger ertragen könne. Wenn ihr Gemahl sie jetzt in der Wirtschaft entdecken würde, noch dazu im Gespräch mit einem wildfremden Mann, würde er sie windelweich prügeln, da war sie sich sicher. Das ganze Elend habe eigentlich schon vor vielen Jahren angefangen, als ihre Eltern sie gezwungen hätten, diesen Mann zu heiraten, weil er wohlhabend wäre und durch den Reichtum, den er mit in die Ehe brächte, für ihre eigenen Schulden aufkommen könnte. Geliebt habe sie eigentlich einen anderen. Ihre Rede wurde immer wieder durch Weinkrämpfe unterbrochen. Er reichte ihr ein sauberes Taschentuch, in das sie sich schnäuzen konnte; dabei sah sie ihn mit ihren großen verweinten Augen dankbar und zugleich so unendlich traurig an, dass sie ihm von Herzen leidtat. Dennoch wurde es für ihn höchste Zeit aufzubrechen. Doch er brachte es nicht fertig, die Frau jetzt allein zu lassen. Er holte tief Luft, bestellte noch zwei Krüge Bier und hoffte, dass sich die Frau durch das würzige Getränk allmählich beruhigen würde.

Es war bereits Nachmittag, als sie mit ihren Schilderungen fertig war. „Noch nie hat mir jemand so aufmerksam zugehört wie Ihr, ohne mir auch nur einmal ins Wort gefallen zu sein. Dafür danke ich Euch von Herzen. Aber eins müsst Ihr mir schwören!"

„Was immer Ihr wollt", gab er sich generös.

„Ihr dürft niemals einem Menschen erzählen, was ich Euch anvertraut habe. Sonst wird es mir schlecht ergehen."

Er nickte nur. Wem hätte er auch irgendetwas von all dem mitteilen sollen, was die Frau ihm erzählt hatte? Er war hier fremd und würde diesen Ort ja schon alsbald wieder verlassen haben.

Inzwischen waren die Tränen der Frau versiegt und es zeigte sich ein zartes Lächeln auf ihrem Gesicht. Kaum war sie aufgestanden und hinausgegangen, um sich die verweinten Augen zu kühlen, als ein grober Kerl mit vernarbter Haut und fettigen Haaren die Gaststube betrat.

„Mein Weib hat doch gerade noch bei dir gesessen", fuhr er den jungen Edelmann an, „ich habe es durch das Fenster gesehen. Was hast du mir ihr zu schaffen?" Schon setzte er sich so dicht neben ihn, dass ihm sein schlechter Atem in die Nase stieg.

„Was hat sie erzählt?", bedrängte er den Edelmann.

„Sie hat nur ein wenig Gesellschaft gesucht", erwiderte der Edelmann.

„Gesellschaft gesucht? Willst du mich zum Narren halten?" Inzwischen hatten sich die anderen Gäste neugierig zu ihnen umgedreht.

„Nun sag schon, worüber habt ihr geredet?" Seine Stimme hatte einen bedrohlichen Klang angenommen.

„Sie hat gesagt, dass sie bei diesem schwülen Wetter immer Kopfschmerzen bekommt und dann so schnell müde wird", versuchte er sich herauszureden.

„Ihr habt über Kopfschmerzen geredet, ja? Mein Weib hatte in ihrem ganzen Leben noch keine Kopfschmerzen und wenn, hätte ich sie ihr schon aus dem Leib geprügelt." Allmählich wurde dem jungen Mann angst und bange.

„Also, heraus mit der Sprache, sonst ergeht's dir schlecht." Schon ballte er die Faust. Der Edelmann blickte verzweifelt in die Runde, aber niemand erhob sich, um ihm zu Hilfe zu eilen.

„Jetzt rede endlich!"

Der Edelmann atmete tief durch. Er hatte der Frau versprochen, für sich zu bewahren, was sie ihm anvertraut hatte. Und auf sein Wort musste sie sich verlassen können. Aber ihm war zugegebenermaßen recht mulmig zumute. Doch bevor er noch seine Gedanken geordnet hatte, traf ihn eine Faust im Gesicht. Gerade wollte er sich das Blut von der Nase wischen, da verspürte er schon den nächsten Schlag. Als er versuchte, sich zu wehren, zerriss das Netz und der Regenbogenvogel flog durch das offene Fenster davon. Nach einem weiteren Hieb lag er benommen in der Ecke. Ihm dröhnte der Kopf. Mühsam richtete er sich schließlich auf. Er erwartete einen vierten Schlag. Doch neben ihm saß nicht mehr der gewalttätige Mann, sondern der Wirt, der ihm mit einem feuchten Tuch vorsichtig das Blut aus dem Gesicht tupfte.

„Jetzt trinkt erst einmal einen Schluck!" Mit diesen Worten reichte der Wirt ihm ein Glas Wasser.

Ruckartig setzte sich der junge Mann auf: „Wo ist der Vogel?"

„Zum Fenster hinaus geflogen", lachten einige der Gäste.

Jetzt liefen ihm die Tränen über das Gesicht. Was waren schon ein paar blutende Wunden gegen den Verlust des kostbaren Geschenks, für das er sich auf diese Reise begeben hatte.

Er ruhte noch ein wenig aus, dann brach er in seinen beschmutzten Kleidern traurig zur letzten Etappe seines Weges auf. Als er schließlich das Schloss seines Freundes erreichte, war das Fest bereits in vollem Gange.

Der Saal war mit zahllosen Kerzen erleuchtet, Musik spielte, Karaffen waren mit den besten Weinen gefüllt, munter prostete man einander zu. Die Tische waren festlich gedeckt und die Dienerschaft stand bereit, um das Diner aufzutragen: Getrüffelte Wachteln gab es und gebratene Fasanenbrüstchen, feine Pasteten und zum Abschluss des kulinarischen Festschmauses allerlei Früchte, Kompotts, Kuchen, Törtchen und anderes Gebäck.

Beschämt stand der junge Edelmann in den blutbefleckten Kleidern an der Tür. Sollte er den Saal überhaupt betreten? Während er noch überlegte, wie er seinem Freund ohne ein Geschenk in den Händen gegenübertreten sollte, erblickte er im Saal auf einer Stange den Regenbogenvogel. Im gleichen Augenblick flog der Vogel auf die Schulter des Freundes und hub in die Richtung des jungen Edelmanns zu sprechen an:

„Du warst in Eile, aber du hast diejenigen, die deiner Hilfe bedurften, liebevoll umsorgt. Du hast dich des verletzten Kitzes erbarmt und darin Zeugnis für deine achtsame Zuwendung abgelegt. Du hast den Kummer der Frau durch dein aufmerksames Zuhören mitgetragen, bis ihre Tränen versiegten. Du wurdest von ihrem gewalttätigen Ehemann bedroht, aber du hast das Versprechen der absoluten Verschwiegenheit bewahrt. In all dem hast du wahre Freundschaftsliebe bewiesen. Sie ist mehr wert als jedwedes Gold und alle Edelsteine dieser Welt."

Nach diesen Worten schwieg der Weisheitsvogel. „Was für ein Geschenk", stammelte der Freund, „wie kann ich dir dafür nur danken", und die beiden Freunde fielen einander überglücklich in die Arme.

Freundschaft
ist ein Geschenk,
geboren
aus der Liebe
des Herzens,
gereift
in den Stunden
der Stille,
gekrönt
in den kostbaren
Augenblicken,
in denen sie
Erwiderung erfährt.
Sie ist und bleibt
unbezahlbar.